AF456491

PROCEZ VERBAL DV MIRACLE TRES-VERITABLE

ARRIVÉ A SAVMVR LE neufiesme iour de Septembre mil six cens vingt.

En la personne d'une femme paralytique de la ville d'Orleans : qui a receu parfaite guerison, apres s'estre confessée & auoir receu la S. Comunion, en la Chapelle de Nostre Dame des Ardillers, suiuant le veu qu'elle en auoit fait.

A PARIS,
Iouxte la copie imprimée à Saumur,
Chez DENYS LANGLOIS,
au mont S. Hilaire à l'enseigne du Pelican,
M. D. XX.

L'AN de grace mil six cens vingt le neufiesme iour de Septembre: Par deuant nous Iean Bonneau Escuier sieur de la Maison neufue, Conseiller du Roy nostre sire, Seneschal, Lieutenant General, & Iuge ordinaire en la Seneschaussée, ville & ressort de Saumur. Ont comparu Reuerends Peres Bonauenture Drouin & Pierre Magueux Prestres de la Congregation de l'Oratoire, establie en la Chapelle de la Fontaine de nostre Dame des Ardilliers pres cette ville. Lesquels en presence du Procureur du Roy, & de Iean Vignier commis de nostre greffier: Nous ont dit & rapporté auoir ce iourd'huy appris qu'vne femme de la ville d'Orleans, qu'ils ont ouy dire auoir nom Françoise Mandran, malade d'vne paralysie, laquelle ne s'aidoit des cuisses, iambes, ny bras depuis plus d'vn an, estoit arriuée en ceste ville le iour de lundy dernier, pour faire ses deuotions & prieres dans ladite chapelle où elle auoit communié le iour d'hier feste de la Natiuité nostre Dame, & ce iourd'huy receu guerison, cheminoit librement, & s'aidoit des bras comme auparauant ladite maladie, ainsi que leurs ont dit plusieurs personnes qui sont venues de cõpagnie auecque ladite femme de ladite ville d'Orleans à ladite chapelle, & auoir veu ce iourd'huy matin ladite femme cheminer seule sans annilles, ny ayde d'aucune personne dans ladite chapelle, où elle seroit allée pour remercier Dieu de la guerison qui luy a pleu luy donner par l'intercession des prieres de la S. Vierge : Nous requerant voulon informer de la verité de ce que dessus pour la gloire de Dieu, dont leur auons decerné acte, & ordonné qu'à la requeste du Procureur du Roy, & ladite femme, que ceux qui sont venus auecq elle de ladite ville d'Orleans, & autres qui ont cognoissance de ladite maladie & miracle, soyent appellez par deuāt nous, pour estre par nous ouis sur la verité de ce que dessus. Donné & faict audict Saumur par deuant nous Seneschal susdit lediti iour & an, signé Bonneau, Godin, Drouin, P. Magueux, & I. Vigner commis Greffier.

FRançoise Mandram femme de Iacques Lassefray, quinquailleur demeurāt en la ville d'Orleans, paroisse S. Catherine, laquelle serment fait nous a dict qu'il y a enuiron de vingt-vn mois à l'issue d'vne sienne couche il luy print vne maladie que plusieurs appellent Paralysie : depuis lequel temps elle a tousiours esté tellemēt incommodée de ses cuisses, iambes, & bras, qu'elle ne pouuoit cheminer : & la falloit porter par tout où elle vouloit, sinon qu'elle se portoit auec des anilles, auec fort grand peine, quelque peu par la chābre ; & sentoit de grādes froidures aux iābes, & bras : que pendant sa maladie, & par le tēps de quatre à cinq mois, elle auroit esté veuë, & traictée par plusieurs Medecins & Chirurgiens de ladite ville d'Orleans, sans auoir trouué aucun allegement à son mal : Que le iour de Vendredy dernier elle seroit partie de la ville d'Orleans, auec plusieurs de ses voisins dedans le batteau d'Estiéne Dudoy, & André Bretin voituriers par eauë, pour venir faire ses deuotions à la chapelle de nostre Dame des Ardilliers, où elle auoit faict vœu de venir prier la S. Vierge d'interceder pour elle par ses prieres, afin de receuoir guerison : qu'elle se-roit arriuée dedans ledit batteau prés ladite Cha-pelle le iour de Lundy dernier sur les neuf à dix heures de la matinée. Que le iour d'hier iour de la Natiuité nostre Dame, elle se fist porter en vne chaire par lesdits Dudoy & Bretin dedans la-dite Chappelle, où elle fit ses deuotions & prie-res à Dieu, & à la S. Vierge, se confessa & com-munia, & sur les sept heures du soir se retira en la maison de Pierre Caillard sise en Fenet, proche de ladite chapelle. Que la nuict derniere dormāt il luy auroit semblé auoir entendu vne voix qui luy disoit, Tu es guerie, va à pied, rēdre graces à la Vierge. Et à mesme temps se seroit éueillée, & au-roit senty vn allegement de mal, auec vne grande ioye en elle mesme, & quelque temps apres se se-roit leuée pour veoir si elle pourroit marcher sans ayde: & voyant qu'elle cheminoit seule, se seroit habillée : & ce faict allee sans ayde d'aucune per-sonne de sondit logis à ladite chappelle, rendre graces à Dieu de sa guerison, & de ladite chapelle, en cete nostre maison sans ayde d'aucune person-ne, & à present se porte fort bien, & chemine auf-si librement qu'elle fist iamais. Dequoy elle re-mercie Dieu & la saincte Vierge. Dont luy auons decerné acte : & a elle enioinct de nous enuoyer certificat de sa maladie, tant des Medecins, Apo-tiquaires & Chirurgiens qui l'ont traictée en sa maladie, Curé de sa paroisse, que quelques cinq ou sept notables personnes de ladicte ville d'Or-leans, ses voisins, dedans d'huy en vn mois. Ce quelle a promis faire, & sermēt reiteré a dit tout ce que dessus contenir verité.

Marie Lasseray fille d'Estienne Lasseray Bourgeois d'Orleans y demeurante, paroisse S. Paterne, Gillette Daby veufue François Braugay, demeurante audit Orleans paroisse de nostre Dame de Recouurance, Michelle de la Haye femme de Mathieu Mathe, Mercier, Marie Vincent, femme de André Bretin voiturier par eaue, Françoise Rabot, femme de Estiēne Dudoy voiturier par eaue, Elie le Grand, veufue Abel Belaisme, Marie Michon fille Iacques Michon demeurant audit Orleans, paroisse nostre Dame de Recouurance: lesquelles serment faict en presence dudict Vigner: Nous ont dit estre aagees sçauoir ladite Lasseray de 34. ans ou enuiron, Daby de 52. ans ou enuiron, Delahaye de 42. ans ou enuiron, Vincent de vingt ans ou enuiron. Rabot de vingt deux ans ou enuiron: Le grand de 58. ans ou enuiron, & ladite Michon de 17. ans ou enuiron: Et icelles enquises sur la cognoissance de ladite Mandran, & cognoissance qu'elles ont de sa maladie: Nous ont vnanimemēt dit biē cognoistre ladite Mandran femme dudit Lasseray demourant audit lieu d'Orleans, de laquelle elles sont proches voisines, & particulierement ladite Lasseray estre belle sœur de ladite Mandran: Et toutes ensemble nous ont concordablement dict bien sçauoir qu'il y a vingt mois, & plus que ladite Mandran à l'issue d'vne sienne couche, seroit tombee en vne maladie telle & si grande, qu'elle ne s'aidoit des iambes & bras, & fut quelque cinq mois traictee des Medecins & Chirurgiens de ladite ville d'Orleans, apres lequel traictement voyant qu'elle ne receuoir allegemēt de ses douleurs, elle print des annilles auecque lesquelles elle se portoit auecque grand peine quelque peu par la chambre, & lors que ladite M...

loit aller à l'Eglise il la falloit porter dedans vne chaire: Que le iour de vendredy dernier, elles partirẽt toutes ensemble de ladite ville d'Orleãs, & se mirent dedans le batteau desdits Dudoy & Bretin, pour venir faire leurs voyages & deuotiõs à la Chapelle de nostre Dame des Ardilliers, & arriuerent au lieu de Fenet, proche de ladite Chapelle, le iour de lundy dernier, sur les neuf a dix heures du matin, dedans laquelle chapelle des Ardilliers ladite Mandran fut portée par dessous les bras par lesdicts Dudoy & Bretin: & apres auoir faict sa priere, fut par eux portée dedãs vne chaire, iusques à vn logis proche de ladite chapelle; Que le iour d'hier ladite mandran fit ses deuotiõs, se confessa, & communia: Et ce iourd'huy matin ont veu ladite Mandran cheminer seule, sans ayde d'aucune personne, & sans aucunes annilles, ou bequilles, & l'ont veu aller de son pied depuis le logis où elle a couché, iusques dedãs ladite chapelle, & de ladite chapelle en ceste nostre maison sans ayde d'aucune personne: Et à present ladite Mandran chemine fort bien, & n'a aucun tremblement de corps comme elle auoit auparauant ce iour, & est ce qu'elles ont dict deuement enquises, & ont declaré ne sçauoir signer, & a ladite Mandran, signé Françoise Mandran, femme de Iacque Lasseray.

ESTIENNE Dudoy, voiturier par eauë demeurant audit lieu d'Orleans, parroisse de nostre Dame de Recouurance, aage de 26. ans, ou enuiron, depose serment faict, bien cognoistre ladite Mandran, femme de Iacques Lasseray, marchant demeurãt audit lieu d'Orleans: Que le iour de Vendredy dernier, ladite Mandran auec autres femmes, & filles d'Orleans, entrerent en son bateau pour les amener à la chapelle des Ardilliers de cete ville, en voyage: & que lors que ladite Mandran arriua au batteau, & ledit Bretin, la porterent entre leurs bras, depuis le bord de la terre iusques dedans leur batteau, d'autant que ladite Mandran ne s'aidoit du corps: & le mesme iour arriuerent au lieu de S. Dye, où elle fut par luy, & ledit Bretin portée dãs vne chaire depuis leur batteau iusques à l'hostellerie, & le lendemain arriuerẽt à la ville d'Amboise où elle fut par luy deposant, & ledit Bretin pareillement portée dedans vne chaire à l'hostellerie, & la reporterent d'vne mesme façon au batteau: Que le iour de lundy dernier, ils arriuerent en ceste ville, & la porterent dedans ladite chapelle, & de ladite chapelle alla auec des annilles au logis où elle est logée, proche de ladite chapelle, dedans laquelle elle fit ses deuotions le iour d'hier, & communia, ainsi qu'il a ouy dire à ladite Mandran, & à la femme de luy deposant. Et ce iourd'huy matin a veu ladite Mandran cheminer à pied sans aide d'aucune personne, depuis le logis iusques à ladite chapelle, & depuis ladite Chapelle iusques en ceste nostre maison: Et que ladite Mandran a mis les annilles desquelles elle se seruoit pour aller quelque peu par la chambre, dedans ladite chapelle & est ce qu'il a dict, & a signé, Estienne Dudoy.

ANdré Bretin voiturier par eaue, demeurant audit lieu d'Orleans, parroisse de Recouurance. Depose serment faict estre aagé de 26. ans ou enuiron, bien cognoistre ladite Mandran, & ledit Lasseray son mary, qui demeurent audit lieu d'Orleans, parroisse S. Catherine. Bien sçauoir des sept mois sont & plus, que ladite Mandran estoit tellement indisposée de son corps qu'elle ne pouuoit s'aider des iambes, & se seruoit d'annilles, pour cheminer quelque peu par la place : Que le iour de vendredy dernier ladite Mandran auec autres femmes & filles, marchanderent auec luy, & le tesmoing precedent, pour les amener auec leur batteau en cette ville pour faire leurs deuotions à nostre Dame des Ardilliers, qu'il deposant, & le precedent tesmoing porterent de terre dedãs leur batteau ladite Mandran, d'autant qu'elle ne pouuoit cheminer : Le lendemain estans arriuez à S. Dyé ils porterent dedans vne chaire ladite Mandran, depuis le basteau, iusques à l'hostellerie ; & depuis ladite hostellerie, iusques au batteau : Et arriuez en la ville d'Amboise, la porterẽt pareillement dedãs vne chaire à l'hostellerie. Que le iour de lundy dernier sur l'heure de neuf à dix du matin ils arriuerent en ceste ville, proche de ladite chappelle des Ardilliers ; & mirent ladite Mandran à terre, & pour ce faire la porterent le deposant & le tesmoing precedent.

Et estant arriuez sur le paué ladite Mandran print des annilles qu'elle auoit, & alla auec grand peine dedans ladite chappelle : Que le iour d'hier ladite Mandran feist ses deuotions, se confessa & communia dedans ladite chappelle : Et ce iourd'huy a veu ladite Mandran cheminer sans annilles, ne aide de personne ; depuis le logis où elle est logée, iusques dedãs ladite chappelle, & de ladite chappelle, en nostre maison, & à present chemine fort bien, & sans ayde d'aucune personne, & est-ce qu'il a dict, & ne sçauoir signer.

Pierre Gaillard faiseur de bagues, demeurant en Fenet fauxbourg de ceste ville, depose serment faict estre aagé de 33. ans ou enuiron, bien cognoistre ladite Mandran depuis le iour de lundy dernier sur les neuf à dix heures du matin, qu'elle seroit allée en sa maison auec autres femmes ou filles qui disoyent estre d'Orleans, & venues en voyage à la chappele de nostre Dame des Ardilliers. Que ladite Mandran lors qu'elle arriua en ladite maison de luy deposant se portoit auec des annilles, & luy fut dict par quelques femmes ou filles qui estoyent auec elle, qu'il y auoit quelque temps, que ladite Mandran ne s'aidoit des iambes, & ne pouuoit marcher, estoit venue expres en voyage, sur esperance de receuoir guerison, & fut ladite Mandran apportée en la maison de luy deposant, par deux hõmes qu'il croit estre de la ville d'Orleans, deux chaires, l'vne desquelles seruoit à la porter ou elle vouloit, & l'autre pour s'asseoir dedãs la chambre. Bien sçauoir que ladite Mandrã fist ses deuotiõs ledit iour de lundy dedans ladite chappelle, & retourna en la maison de luy deposant sur l'heure de midy dudit iour. Que le lendemain iour & feste de la Natiuité de nostre Dame, ladite Mandran, & autres femmes & filles de sa compagnie allerent à ladite chappelle, où ils firent leurs deuotions & prieres, tant à la matinée qu'apresdisnée, & estant de retour ladite Mãdran monta auec ses annilles par le degré à la haute chambre de la maison de luy deposant auec fort grand peine, ce qu'elle fist à cause que le degré est tellement estroict, qu'il n'estoit aisé de la monter dedãs vne chaire. Que ce iour d'huy matin, enuiron la pointe ou commencement du iour il auroit entendu vn bruit dedans la haute chambre de sa maison, & comme quelques personnes de celles qui estoyent couchées, où icelles disoyent, ha! Madame vous estes donc guerie, & quelque peu de temps apres a veu ladite Mandrā descendre sans annilles, ny ayde d'aucune personne de ladite haulte chambre, dedans la basse de la maison de luy deposant, & veu ladite Mandran cheminer seule sans annilles ne ayde de personne de ladite maison, iusques dans ladite chappelle en ceste nostre maison, & est ce qu'il a dict sçauoir deuement enquis, & ne sçauoir signer.

ET le 24. iour desdicts mois & an, a comparu par deuant nous Seneschal susdict, Reuerend Pere Philippes Chauffour, Prestre, Superieur des Prestres de la Congregation de l'Oratoire de I E S V S, establie dans ladite chappelle des Ardilliers ee personne, lequel nous a representé le certificat à luy enuoyé par Iacques Lasseray mary de ladite Mandran, duquel la teneur s'ensuit.

AVIourd'huy 17. de Septembre, l'an 1620. par deuant moy Notaire Royal au Chastelet d'Orleans, & des tesmoins soubs-escrits, est venue & comparue en personne Françoise Mandrā, femme de Iacques Lasseray, marchand quinquailleur demeurant en cette ville d'Orleans, paroisse S. Catherine, fille de Marc Mandran, maistre Charpentier, & Marie Mace sa femmes, demeurans audict Orleans, paroisse S. Laurens des Orgerils, & nostre Dame de Recouurance son annex, laquelle en presence dudit Lasseray son mary, qui a aussi esté de ce d'accord, a dict & declaré, certifié, & asseuré pour verité: Que depuis le mois de Ianuier de l'année 1619. elle auroit tousiours continuellement esté detenue en telle & si grande infirmité de maladie, qu'elle est demeurée percluse & enflée en tout son corps, sans se pouuoir ayder & porter sur ses iambes en quelque façon que ce soit, sinon que biẽ peu auec des bequilles, par l'aide desquelles elle se trainoit à grand peine par la chambre seulement, & à quelques iours de Dimanches elle s'efforçoit de se transporter, à l'aide d'vne sienne seruante iusques à l'Eglise parochialle S. Catherine, pour ouïr la saincte Messe, auec telle difficulté, & douleur, qu'elle estoit vn grand temps à y aller & venir, quoy que ladite Eglise soit fort proche de leur maison: Et si encores apres cet effort elle demeuroit vne assez long temps fort enflée, & augmẽtée de douleur: Laquelle maladie & perclusion luy seroit aduenue par vn violẽt accouchemẽt qu'elle fist audit mois de Ianuier de l'annee 1619. où elle fut contraincte de se faire tirer son enfant hors du corps par les mains des Chirurgiens, renouuellé par vn autre & pareil acouchement, qu'elle fist encores au derniers feriees de Pasques: qu'elle fut aussi accouchee par la main d'vn autre Chirurgien: Depuis lesquels premier & second acouchement elle seroit tellement demeuree en telle infirmité, & perclusiõ qu'elle ne se pouuoit plus transporter de lieu à autre, & n'a peu trouuer aucun remede par les mains des hommes, quelque recherche qu'elle ait faicte des Medecins, Apotiquaires & Chirugiens: si que ne luy restant plus que l'esperance en Dieu, & de rechercher sa misericorde par l'intercession de la biẽ heureuse Vierge Mere de nostre Sauueur ; elle se seroit resolue en ce conflit, & infirmité, d'accomplir vn vœu qu'elle auoit faict d'vn long teps, à l'Eglise de nostre Dame des Ardilliers pres la ville de Saumur: & à cette fin se seroit faict porter de sa maison de cette ville, iusques au port, sur la riuiere de Loyre, où elle auroit esté mise dans vn batteau, & portee sur l'eaue, iusques à l'endroict plus proche dudit lieu des Ardilliers, & estant arriuee en iceluy lieu, elle y auroit faict ses prieres par l'espace de trois iours qu'elle y a demeuré, ou priant la bien heureuse Mere de nostre Seigneur, de vouloir interceder pour elle enuers nostre Dieu, pour la deliurance de sa maladie, restitution de sa santé: & en cette bonne, & heureuse recherche elle a par effect receu misericordieusement de nostre Dieu par l'intercession de la bien-heureuse Vierge, pliene & entiere guerison de sa maladie & perclusiõ. Ce qui a esté au veu, & sceu d'vn chacun, qui la veue sur les lieux a son arriuee, & des premiers iours ne se pouuant porter, & trainer, qu'auec grande, & extreme peine, & douleur sur deux bequilles, & peu apres l'ont veue aller & venir plainement, & librement, sur ses iambes sans l'aide de ses bequilles: lesquelles elle a par effect laissees sur les lieux, & est reuenue cõme elle est maintenãt en pleine & entiere sãté arriuee du iour de lundy dernier 14. du present mois, enuiron l'heure de deux heures apres midy, va & vient à present en tous lieux, à toutes ses affaires libremẽt, tout ainsi que si elle n'auoit oncques eu aucune maladie, & ne sẽt plus maintenãt aucune moindre partie de son infirmité & maladie, A ce present ledit Marc Mandran pere, Estienne Lasseray beau pere, venerable & discrette personne Messire Nicolas Mascot, Prestre Curé de ladicte Eglise S. Catherine, Messieurs Iean du Bois, Noel Cheualier, & Nicolas Salles, Prestres Vicaires & habituez en ladicte Eglise S. Catherine. Hugues Henry Apotiquaire, Thomas Philippes, Lieutenant des Chirurgiens à Orleans, Claude Maupoinct marchand droguiste, Fiacre Michonneau, Gilles Thisonneau, Charles Desmé, marchands drappiers: Aurelian Texier, & Iean Vincent maistre tailleur, tous voisins, Estienne Dagis seruiteur demeurãt en ladite maison, lesquels ont aussi certifié, & asseuré pour verité auoir tousiours veu depuis dix-huict ou vingt mois en ça ladite femme de Lasseray infirme, malade, & percluse, & ne se portant qu'auec extreme peine sur deux bequilles, sans sortir de sa maison, sinon à quelques Dimanches elle s'efforçoit de se porter & trainer à l'Eglise saincte Catherine leur parroisse, & pour ouyr la Messe, ce qu'elle faisoit auec grande peine & douleur, & maintenant la voyent & recognoissent entierement deliurée & guerie de ceste infirmité & perclusion qui est vne tres-grande & singuliere grace qu'elle a receue de nostre DIEV. DONT & de ce que dict est a esté par moy Notaire faict, & octroyé le present acte & deliuré ausdicts Lasseray, & sa femme ce requerãs és presences de Michel le Mahis, & Roland Mesnager Clers tesmoings. Ainsi signez, I. Lasseray, Françoise Mandran, N. Mascot Curé de ladite Eglise S. Catherine, du Bois, N. Cheualier, N. Salles Vicaire dudict lieu, E. Lasseray, F. Michonneau, Marc Mandran, Henry Apoticaire, Maupoinct, G. Thesonneau, Disme Philippes Lieutenant des Chirurgiens à Orleans. Iean Vincent, Aurelian Texier, Estienne Dagis seruiteur dudit Lasseray : Mesnager, Demahis, & L'Asne, Notaire à Orleās. La minute duquel certificat si dessus transcrite. Auons ordonné demeurer attachée à la minute des presentes, pour y auoir recours quand besoing sera. DONNE' audit Saumur par deuant nous Seneschal susdict ledit iour & an que dessus, Ainsi Signez I. Bonneau, & Chauffour Prestre de l'Oratoire, & I. Vignier cōmis Grefier.

www.ingramcontent.com/pod-product-compliance
Ingram Content Group UK Ltd.
Pitfield, Milton Keynes, MK11 3LW, UK
UKHW022157260726
13993UKWH00005B/2427